アルファベット表 「ブロック体」

A B C D E F G H I J K L M

A B C D E F G H I J K L M

a b c d e f g h i j k l m

a b c d e f g h i j k l m

N O P Q R S T U V W X Y Z

N O P Q R S T U V W X Y Z

n o p q r s t u v w x y z

n o p q r s t u v w x y z

アルファベット表「筆記体」

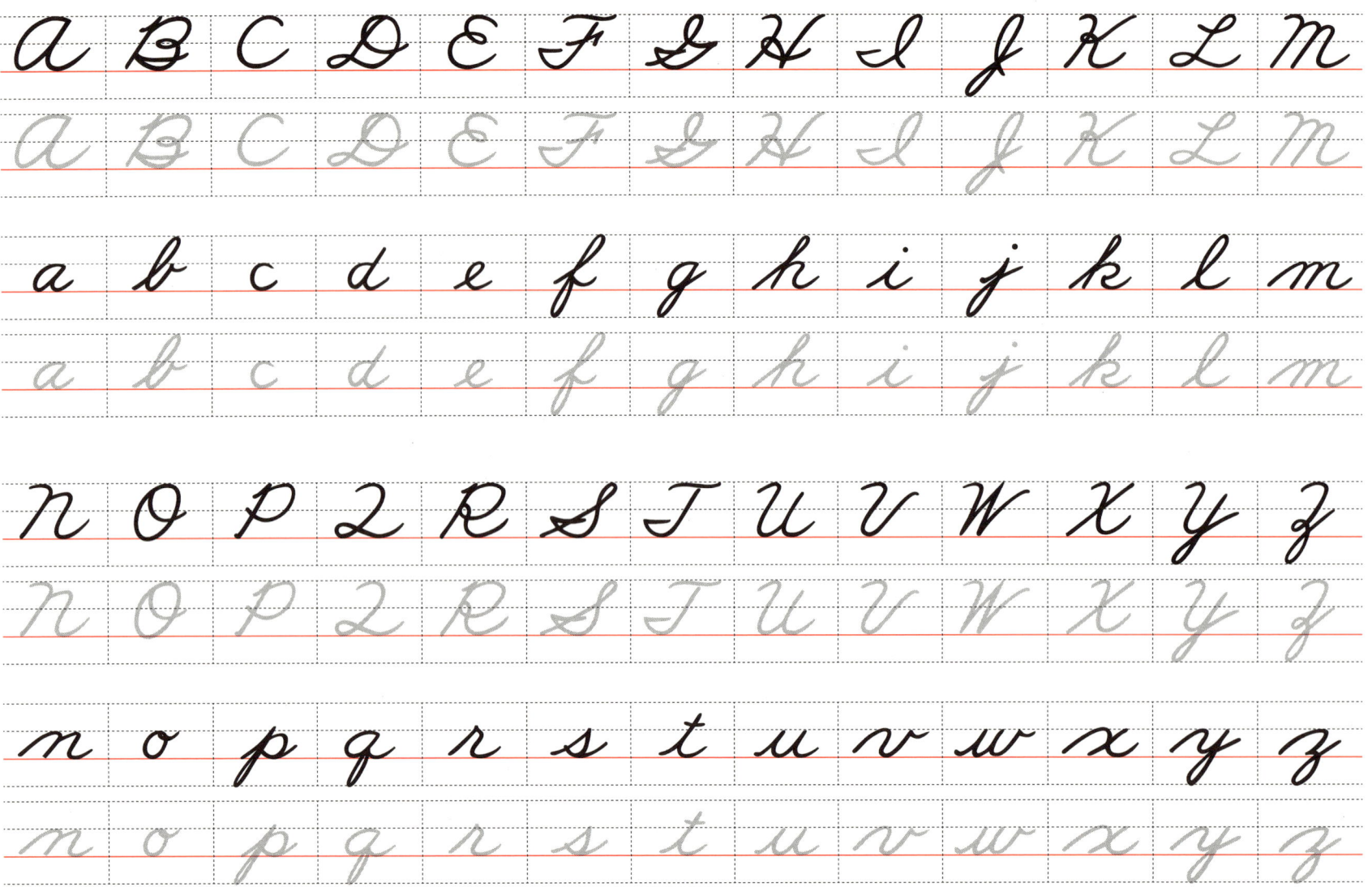

アルファベットの大文字と小文字の練習をしよう　A a

べんきょうした日〔　　月　　日〕

A B C D E

[エイ]

ゆびで なぞりましょう。

♪「エイ」の「エ」は少し強く言おう。

[アープル]
APPLE

美　3画目は第2線より下に書こう。

正　1画目と2画目は第3線より下に出ないように書こう。

A　　A　　APPLE

a b c d e

[エイ]

ゆびで なぞりましょう。

♪「エイ」の「エ」は少し強く言おう。

[アープル]
apple

美　2画目はまっすぐに書こう。

c　a　a　a　a

正　第2線と第3線のあいだに書こう。

a　　a　　apple

アルファベットの大文字と小文字の練習をしよう　Bb

べんきょうした日〔　　月　　日〕

A B C D E

ゆびで なぞりましょう。

[ビー]
B

♪長くのばして言おう。

[ベア(〜)]
BEAR

㊎ 2画目と3画目のまがるところは丸みを持たせて書こう。

I　P　B　B　B

㊋ 1画目からつき出ないように書こう。

B　　　　B　　　　BEAR

a b c d e

[ビー]
b

♪長くのばして言おう。

[ベア(〜)]
bear

㊎ 1画目はまん中より左にまっすぐ書こう。

l　b　b　b　b

㊋ 1画目は第1線から書き始めよう。

b　　　　b　　　　bear

4

アルファベットの大文字と小文字の練習をしよう　Cc

べんきょうした日〔　　月　　日〕

A B C D E

ゆびでなぞりましょう。

[スィー]
C

♪「シー」ではなく「スィー」だよ。

[ケイク]
CAKE

(美) 線はまっすぐではなく丸みを持たせて書こう。

C C C C C

(正) 書き始めと書き終わりがくっつかないようにしよう。

C　　　　　C　　　　　CAKE

---

a b c d e

ゆびでなぞりましょう。

[スィー]
c

♪「シー」ではなく「スィー」だよ。

[ケイク]
cake

(美) よこ長にならないように書こう。

c c c c c

(正) 第2線と第3線のあいだに書こう。

c　　　　　c　　　　　cake

アルファベットの大文字と小文字の練習をしよう Ｄｄ

べんきょうした日〔　　月　　日〕

ＡＢＣＤＥ

[ディー]

ゆびでなぞりましょう。

[ドゥレス]
DRESS

美 1画目はまっすぐ，2画目は丸みを持たせて書こう。

正 第3線より下に出ないように書こう。

♪「デー」や「ヂー」ではなく「ディー」だよ。

D　　　D　　　DRESS

ａｂｃｄｅ

[ディー]

ゆびでなぞりましょう。

[ドゥレス]
dress

美 たて線は右にまっすぐ書こう。

正 第3線より下に出ないように書こう。

♪「デー」や「ヂー」ではなく「ディー」だよ。

d　　　d　　　dress

6

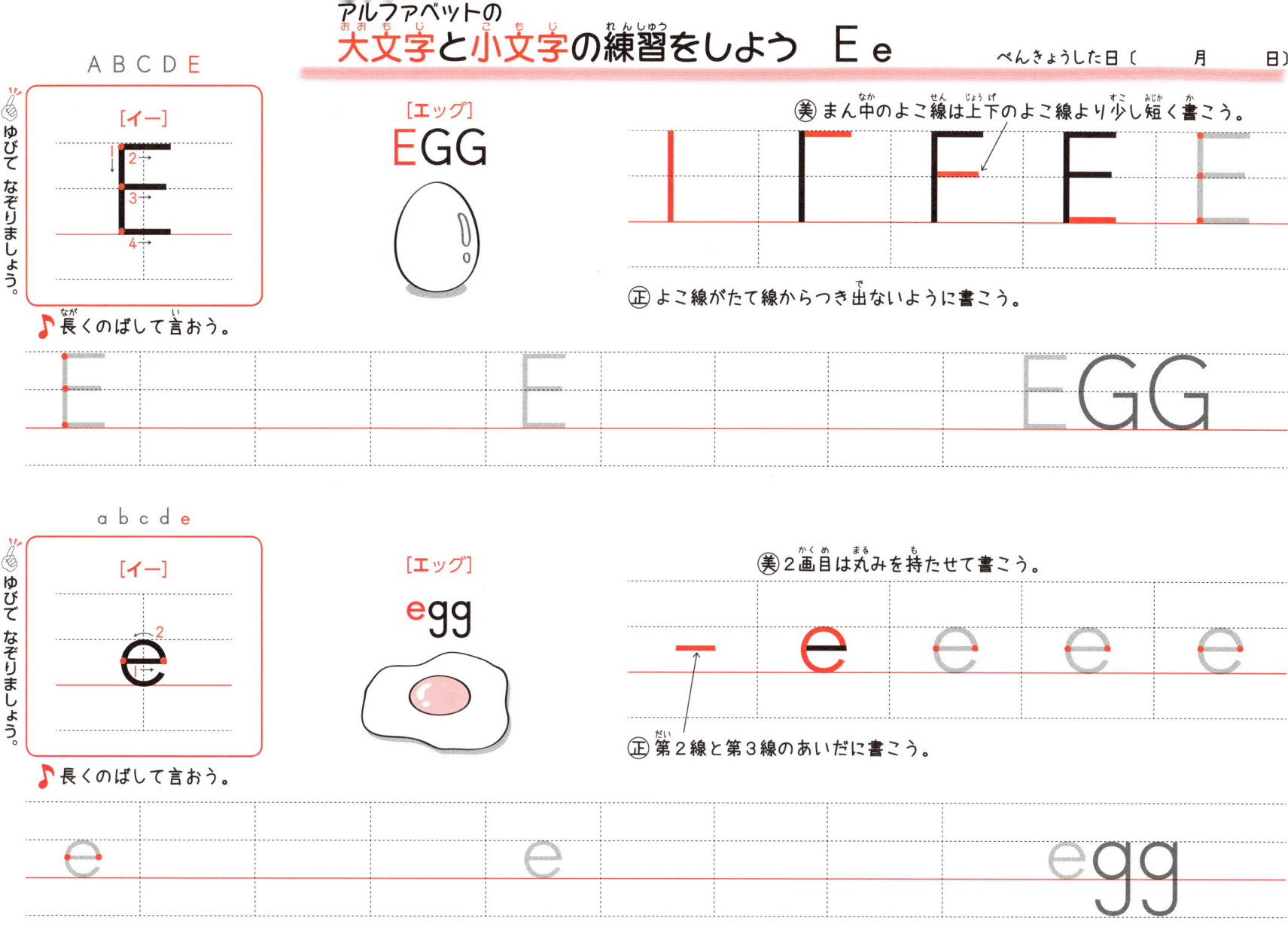

アルファベットの大文字と小文字の練習をしよう F f

べんきょうした日〔　　月　　日〕

F G H I J

[エフ]

ゆびでなぞりましょう。

♪ 「エフ」の「フ」は上の歯を下くちびるに当てて言おう。

[フラワ(〜)]
FLOWER

美 3画目は2画目より少し短く書こう。

正 1画目からつき出ないように書こう。

F　　　　F　　　　　　FLOWER

f g h i j

[エフ]

ゆびでなぞりましょう。

♪ 「エフ」の「フ」は上の歯を下くちびるに当てて言おう。

[フラワ(〜)]
flower

美 1画目の書き始めは丸みを持たせて書こう。

正 2画目は第2線の上に書こう。

f　　　　f　　　　　　flower

アルファベットの大文字と小文字の練習をしよう　Hh

FGHIJ

べんきょうした日〔　　月　　日〕

[エイチ]

ゆびでなぞりましょう。

[ハウス]
HOUSE

㊤ 3画ともまっすぐに書こう。

㊥ 3画目は第2線の上に書こう。

♪「エイチ」の「エ」は少し強く言おう。

H　　H　　HOUSE

fghij

[エイチ]

ゆびでなぞりましょう。

[ハウス]
house

㊤ 2画目の書き始めは丸みを持たせて書こう。

㊥ 1画目は第1線から書き始めよう。

♪「エイチ」の「エ」は少し強く言おう。

h　　h　　house

アルファベットの大文字と小文字の練習をしよう Ii

べんきょうした日〔　　月　　日〕

FGHIJ

[アイ]

ゆびでなぞりましょう。

♪「アイ」の「ア」は少し強く言おう。

[アイス]
ICE

(美) 2画目はまん中にまっすぐ書こう。

(正) 1画目と3画目を書きわすれないようにしよう。

ICE

fghij

[アイ]

ゆびでなぞりましょう。

♪「アイ」の「ア」は少し強く言おう。

[アイス]
ice

(美) 1画目のま上に書こう。

(正) 2画目を書きわすれないようにしよう。

ice

11

アルファベットの大文字と小文字の練習をしよう Jj

FGHIJ

べんきょうした日〔　月　日〕

ゆびでなぞりましょう。

[ヂェイ]

[ヂァーム]
JAM

美 書き始めはまっすぐに書こう。

正 第3線より下に出ないように書こう。

♪「ヂェー」ではなく「ヂェイ」だよ。

JAM

fghij

ゆびでなぞりましょう。

[ヂェイ]

[ヂァーム]
jam

美 1画目のたて線のま上に書こう。

正 第4線にくっつけるように書こう。

♪「ヂェー」ではなく「ヂェイ」だよ。

jam

12

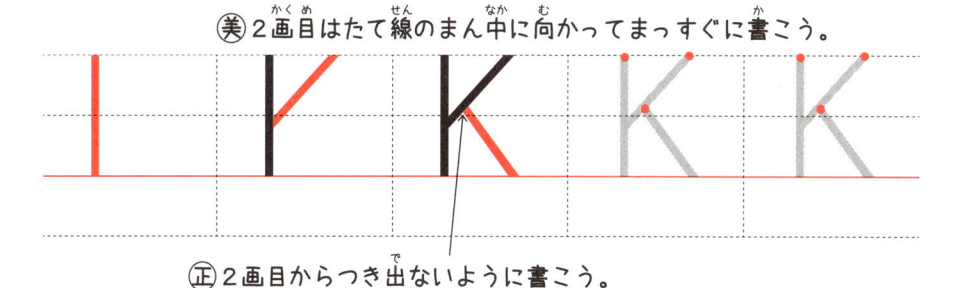

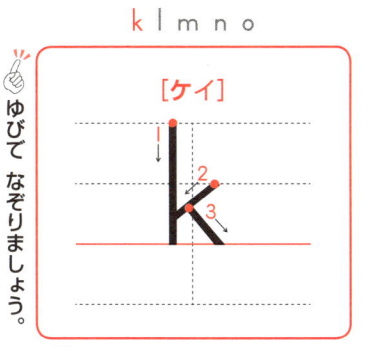

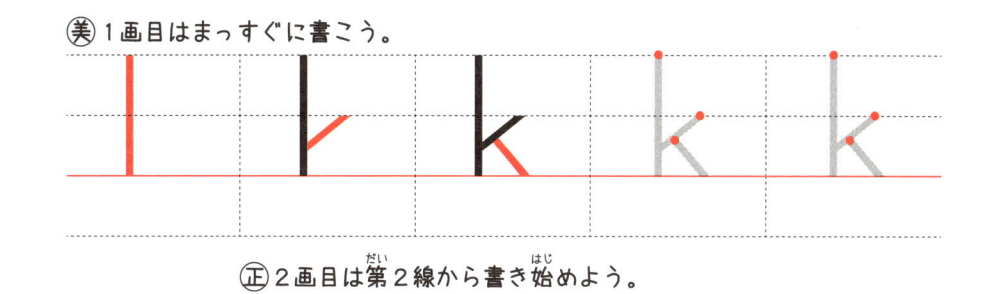

アルファベットの大文字と小文字の練習をしよう Kk

KLMNO

べんきょうした日〔　月　日〕

[ケイ]
K

ゆびでなぞりましょう。

[コウアーラ]
KOALA

㊎ 2画目はたて線のまん中に向かってまっすぐに書こう。

♪「ケー」ではなく「ケイ」だよ。

㊣ 2画目からつき出ないように書こう。

K　　　K　　KOALA

klmno

[ケイ]
k

ゆびでなぞりましょう。

[コウアーラ]
koala

㊎ 1画目はまっすぐに書こう。

♪「ケー」ではなく「ケイ」だよ。

㊣ 2画目は第2線から書き始めよう。

k　　　k　　koala

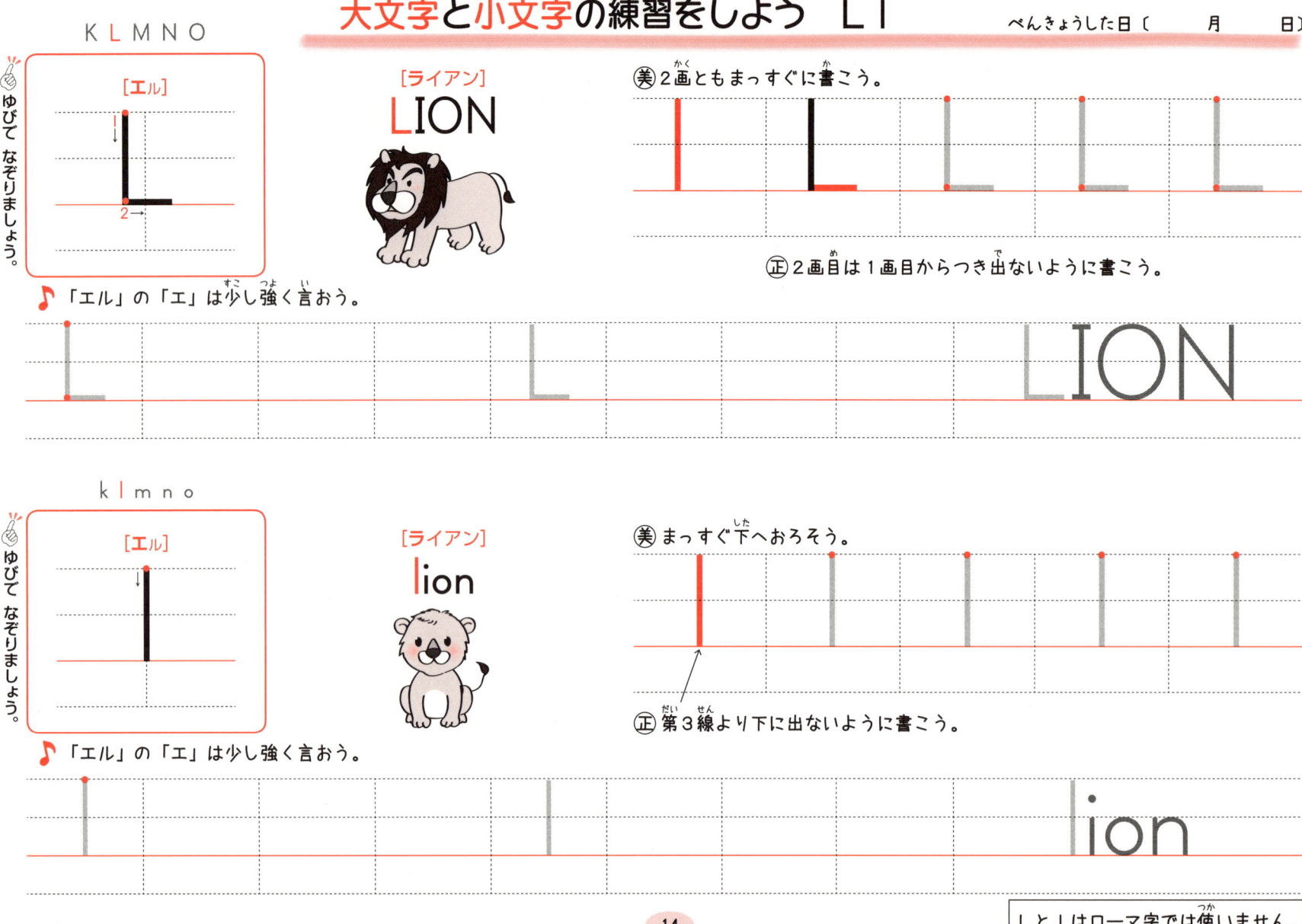

アルファベットの大文字と小文字の練習をしよう　Mm

KLMNO

ゆびでなぞりましょう。

[エム]

「エム」の「ム」は口を閉じて言おう。

[ミルク]
MILK

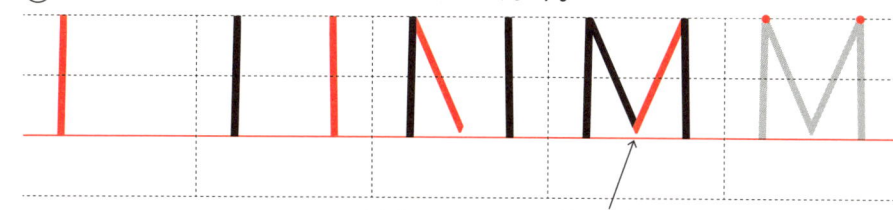

㊎ 線と線が接するところはきちんとくっつけよう。

㊣ 3画目と4画目は左右まん中で接するように書こう。

M　　　M　　　MILK

klmno

ゆびでなぞりましょう。

[エム]

「エム」の「ム」は口を閉じて言おう。

[ミルク]
milk

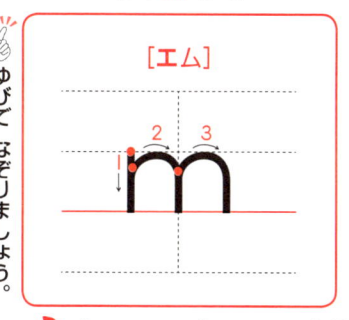

㊎ 2画目と3画目は同じはばになるように書こう。

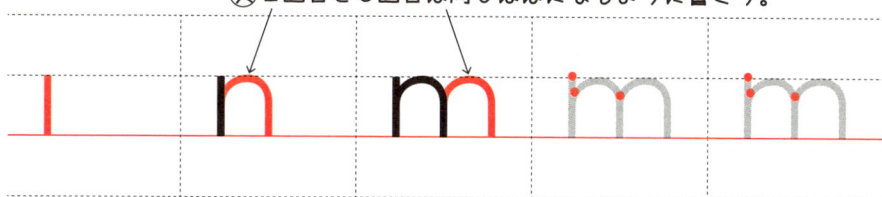

㊣ 第2線と第3線のあいだに書こう。

m　　　m　　　milk

アルファベットの大文字と小文字の練習をしよう Nn

べんきょうした日 〔　　月　　日〕

KLMNO

[エン]

ゆびで なぞりましょう。

♪ 「エン」の「ン」は口を閉じずに言うよ。

[ネイル]
NAIL

㊤ 1画目と2画目のあいだが広くなりすぎないようにしよう。

㊣ 1画目の書き始めから2画目の書き終わりに向かって書こう。

N　　N　　NAIL

klmno

[エン]

ゆびで なぞりましょう。

♪ 「エン」の「ン」は口を閉じずに言うよ。

[ネイル]
nail

㊤ 2画目の書き始めは丸みを持たせて書こう。

㊣ 1画目は第2線より上に出ないように書こう。

n　　n　　nail

アルファベットの大文字と小文字の練習をしよう　O o。

べんきょうした日〔　　月　　日〕

K L M N **O**

[オウ]

ゆびで なぞりましょう。

♪「オー」ではなく「オウ」だよ。

[アニアン]
ONION

(美) まん中ではなく右ななめ上から書き始めよう。

(正) 第3線より下に出ないように書こう。

ONION

k l m n **o**

[オウ]

ゆびで なぞりましょう。

♪「オー」ではなく「オウ」だよ。

[アニアン]
onion

(美) きれいな丸になるように書こう。

(正) 第2線と第3線のあいだに書こう。

onion

17

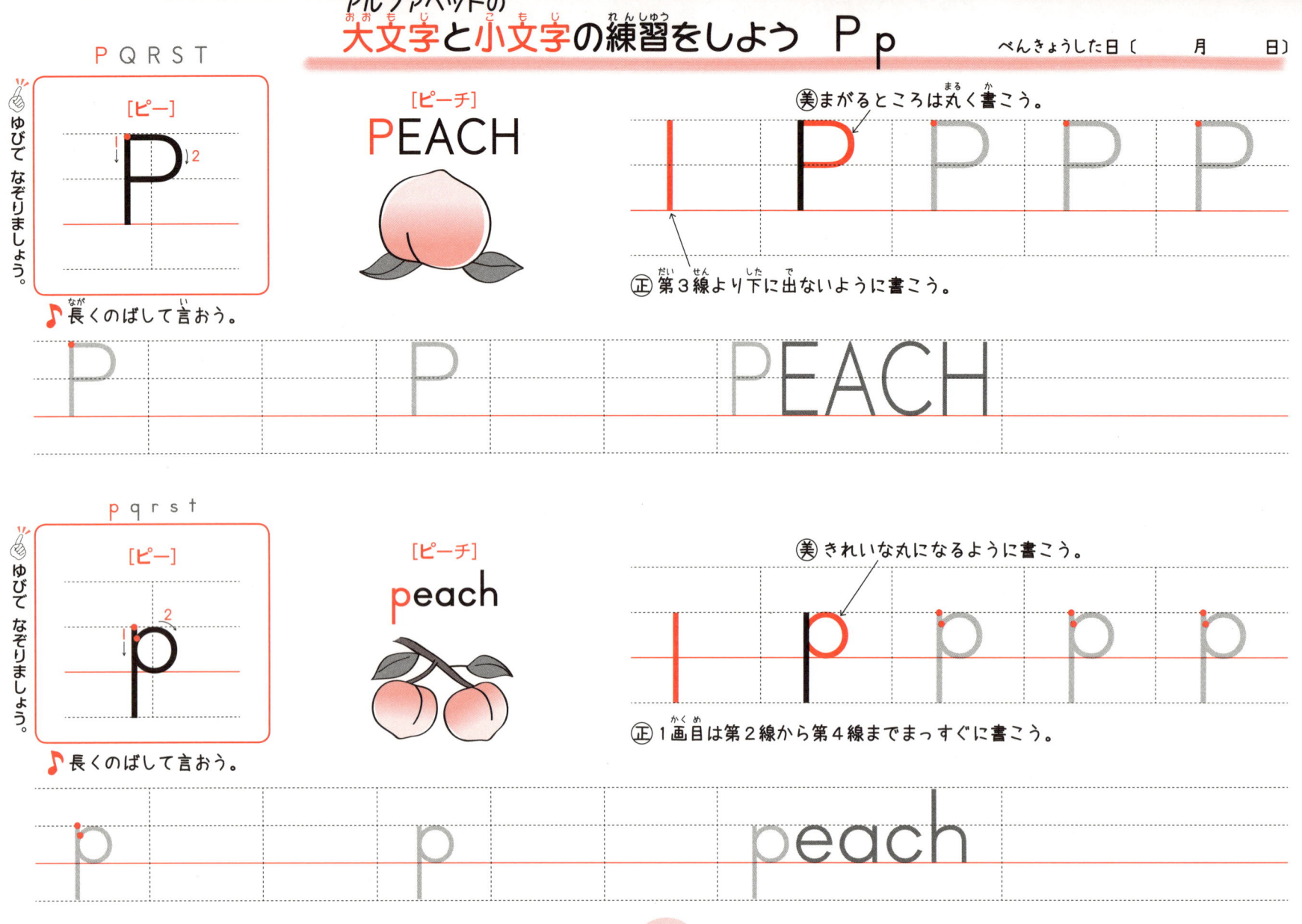

PQRST

アルファベットの大文字と小文字の練習をしよう　Q q

べんきょうした日〔　　月　　日〕

ゆびでなぞりましょう。

[キュー]
Q

[クウィズ]
QUIZ

美 2画目が長くなりすぎないように注意しよう。

O Q Q Q Q

正 2画目を書きわすれないようにしよう。

♪「キュウ」ではなく「キュー」だよ。

Q　　Q　　QUIZ

pqrst

ゆびでなぞりましょう。

[キュー]
q

[クウィズ]
quiz

美 たて線は右にまっすぐ書こう。

c q q q q

正 gとまちがえないようにしっかり止めよう。

♪「キュウ」ではなく「キュー」だよ。

q　　q　　quiz

19

Qとqはローマ字では使いません。

アルファベットの大文字と小文字の練習をしよう Rr

べんきょうした日〔　月　日〕

PQRST

[アー]

ゆびで なぞりましょう。

♪「アー」は最後に舌を丸くしよう。

[ライス]
RICE

美 3画目が右に長く出すぎないように書こう。

I P R R R

正 3画目は2画目からつき出ないように書こう。

R　　　R

RICE

pqrst

[アー]

ゆびで なぞりましょう。

♪「アー」は最後に舌を丸くしよう。

[ライス]
rice

美 2画目が長くなりすぎないように注意しよう。

l r r r r

正 第2線と第3線のあいだに書こう。

r　　　r

rice

アルファベットの大文字と小文字の練習をしよう Ss

べんきょうした日〔　　月　　日〕

PQRS T

ゆびで なぞりましょう。

[エス]

♪「エス」の「エ」は少し強く言おう。

[スカ～ト]
SKIRT

(美) 丸みを持たせて書こう。

S S S S S

(正) 第1線の少し下から書き始め，第3線の少し上で書き終わるようにしよう。

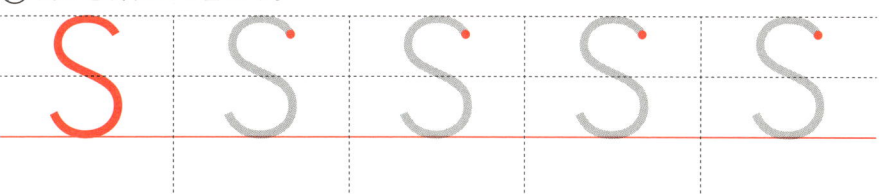

S　　　S　　　SKIRT

---

pqrs t

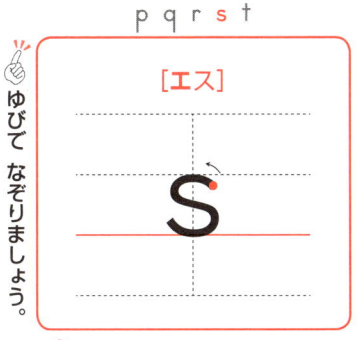

ゆびで なぞりましょう。

[エス]

♪「エス」の「エ」は少し強く言おう。

[スカ～ト]
skirt

(美) よこ長にならないように注意しよう。

s s s s s

(正) 第2線と第3線のあいだに書こう。

s　　　s　　　skirt

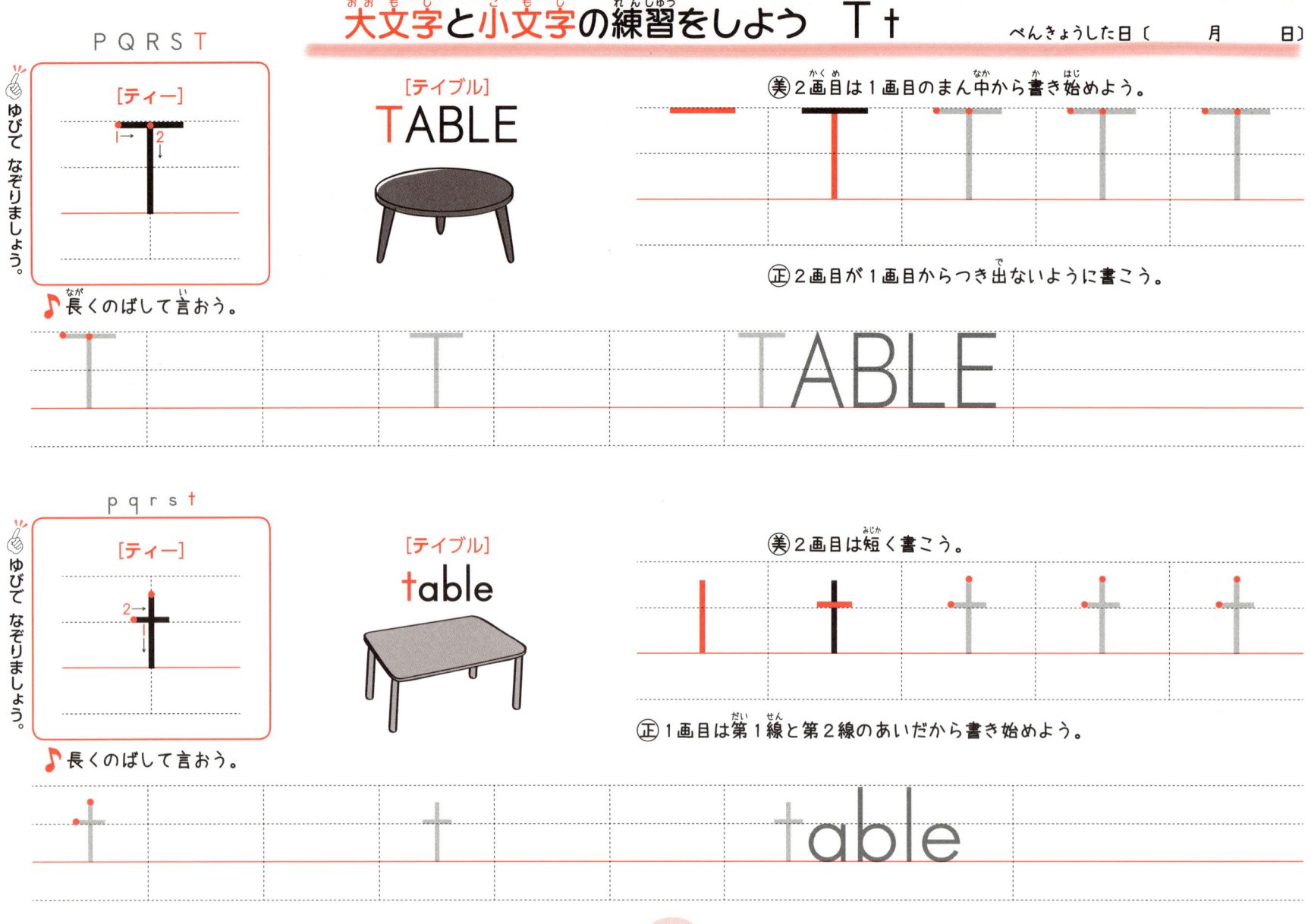

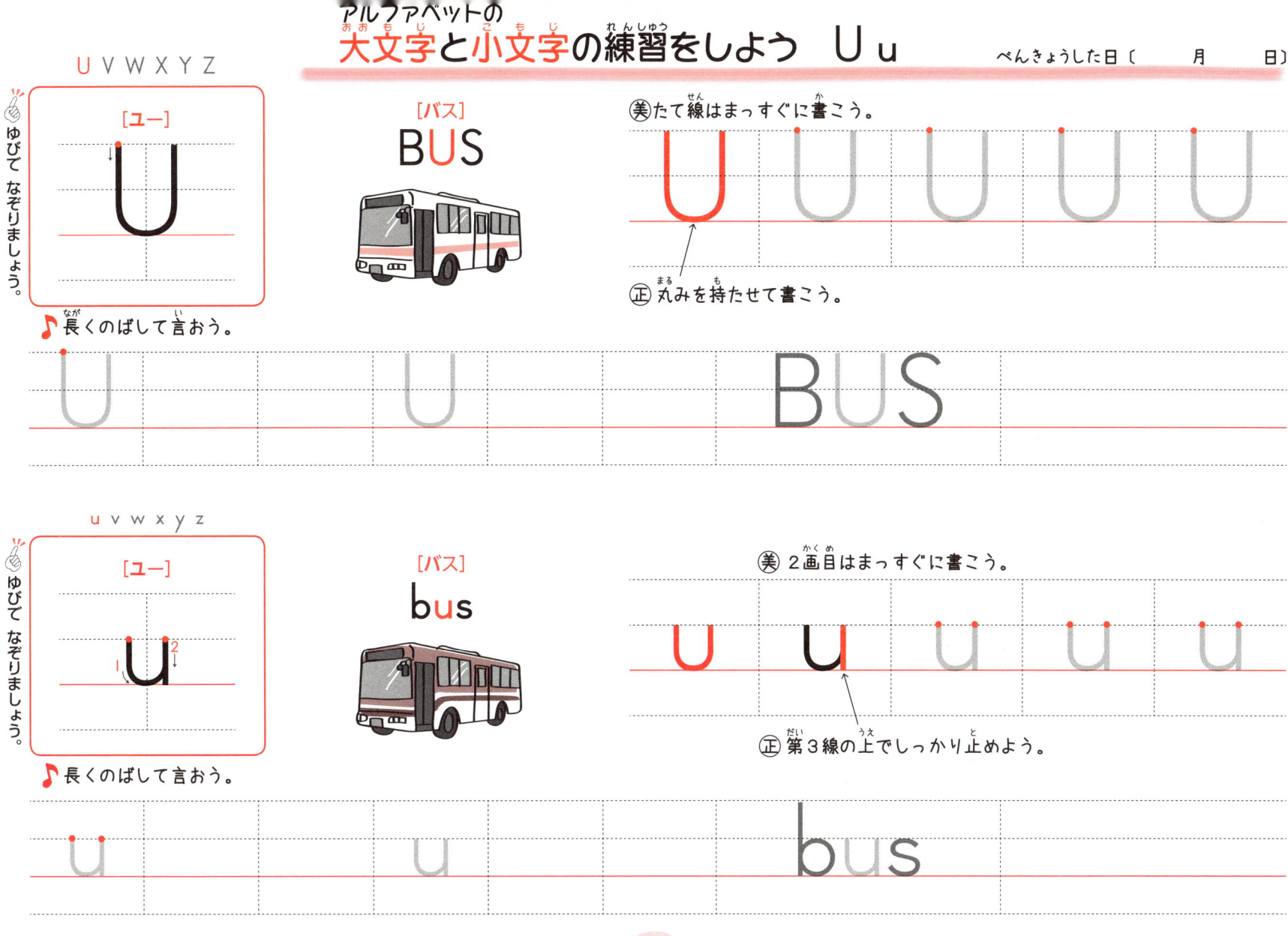

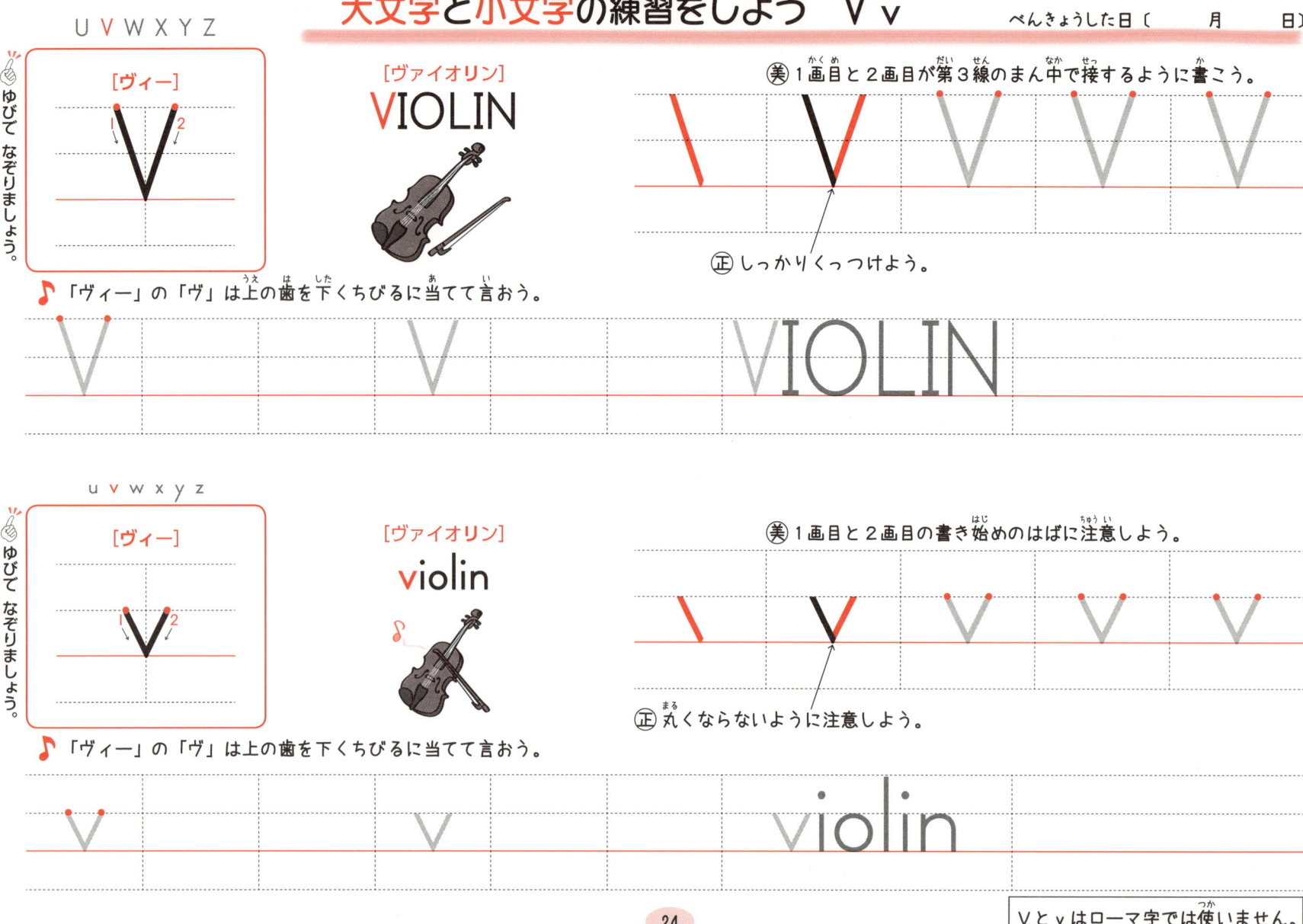

アルファベットの大文字と小文字の練習をしよう　Ww

べんきょうした日〔　　月　　日〕

U V W X Y Z

[ダブリュー]

ゆびでなぞりましょう。

♪ 「ダブル」ではなく「ダブリュー」だよ。

[ワッチ]
WATCH

(美) 線と線が接するところはきちんとくっつけよう。

(正) 第1線の少し下で接するように書こう。

WATCH

u v w x y z

[ダブリュー]

ゆびでなぞりましょう。

♪ 「ダブル」ではなく「ダブリュー」だよ。

[ワッチ]
watch

(美) はばが広くなりすぎないように注意しよう。

(正) 第2線と第3線のあいだに書こう。

watch

25

アルファベットの大文字と小文字の練習をしよう Xx

U V W X Y Z

べんきょうした日〔 月 日〕

ゆびでなぞりましょう。

[エクス]

[バックス]
BOX

美 第2線で交わるように書こう。

正 第3線より下に出ないように書こう。

♪「エックス」ではなく「エクス」だよ。

BOX

u v w x y z

[エクス]

[バックス]
box

美 マスのちょうどまん中で交わるように書こう。

正 第2線と第3線のあいだに書こう。

♪「エックス」ではなく「エクス」だよ。

box

Xとxはローマ字では使いません。

アルファベットの大文字と小文字の練習をしよう　Y y

べんきょうした日〔　　月　　日〕

U V W X Y Z

[ワイ]

ゆびで なぞりましょう。

♪「ワイ」の「ワ」は少し強く言おう。

[ヤット]
YACHT

美 1画目と2画目が第2線で接するように書こう。

正 1画目と2画目が接するところから書き始めよう。

YACHT

---

u v w x y z

[ワイ]

ゆびで なぞりましょう。

♪「ワイ」の「ワ」は少し強く言おう。

[ヤット]
yacht

美 2画目は左下に向かってまっすぐに書こう。

正 2画目は第4線までのばそう。

yacht

アルファベットの大文字と小文字の練習をしよう Ｚｚ

べんきょうした日〔　月　日〕

U V W X Y Z

[ズィー]

ゆびで なぞりましょう。

「ジー」ではなく「ズィー」だよ。

[ズー]
ZOO

美 1画目と3画目が同じくらいの長さになるように書こう。

正 1画目は第1線，3画目は第3線の上に書こう。

Z　　　Z　　　ZOO

u v w x y z

[ズィー]

ゆびで なぞりましょう。

「ジー」ではなく「ズィー」だよ。

[ズー]
zoo

美 1画目と3画目は短めに書こう。

正 1画目は第2線，3画目は第3線の上に書こう。

z　　　z　　　zoo

うす字をなぞったあと，下に書きましょう。

単語の練習をしよう「数」②

べんきょうした日〔 月 日〕

[セヴン]

seven

↑
vをbと書きまちがえないようにしよう。

7

[テン]

♪「テ」を少し強く言おう。

ten

10

[エイト]

eight

↑
gとhを書きわすれないようにしよう。

8

[イレヴン]

♪「レ」を少し強く言おう。

eleven

11

[ナイン]

nine

↑
「nain」ではないよ。

9

[トウェルブ]

twelve

↑
eを書きわすれないようにしよう。

12

うす字をなぞったあと，下に書きましょう。

単語の練習をしよう 「家族・友だち」

べんきょうした日〔　月　日〕

家族

[ファミリー]

family

lをrと書きまちがえないようにしよう。

兄・弟

[ブラザ（〜）]

brother

oをaと書きまちがえないようにしよう。

[ファーザ（〜）] ♪「ファ」を少し強く言おう。

father

thのつづりに注意しよう。

父

[スィスタ（〜）] ♪「スィ」を「シ」と言わないように注意しよう。

sister

姉・妹

eをaと書きまちがえないようにしよう。

[マザ（〜）]

mother

oをaと書きまちがえないようにしよう。

母

[フレンド] ♪「レ」を少し強く言おう。

friend

友だち

iを書きわすれないようにしよう。

うす字をなぞったあと，右に書きましょう。

単語の練習をしよう「食べ物」

べんきょうした日〔　　月　　日〕

オムレツ
[アムレット]
♪「オムレット」ではなく「アムレット」だよ。
omelet

ピザ
[ピーツァ]
♪「ピザ」ではなく「ピーツァ」だよ。
pizza
zは2つ書くよ。

サラダ
[サァラド]
♪「ド」を「ダ」と言わないように注意しよう。
salad
lをrと書きまちがえないようにしよう。

ごはん，米
[ライス]
rice
cをsと書きまちがえないようにしよう。

ケーキ
[ケイク]
♪「ケーキ」ではなく「ケイク」だよ。
cake

プリン
[プディング]
♪「プ」を少し強く言おう。
pudding
dは2つ書くよ。

33

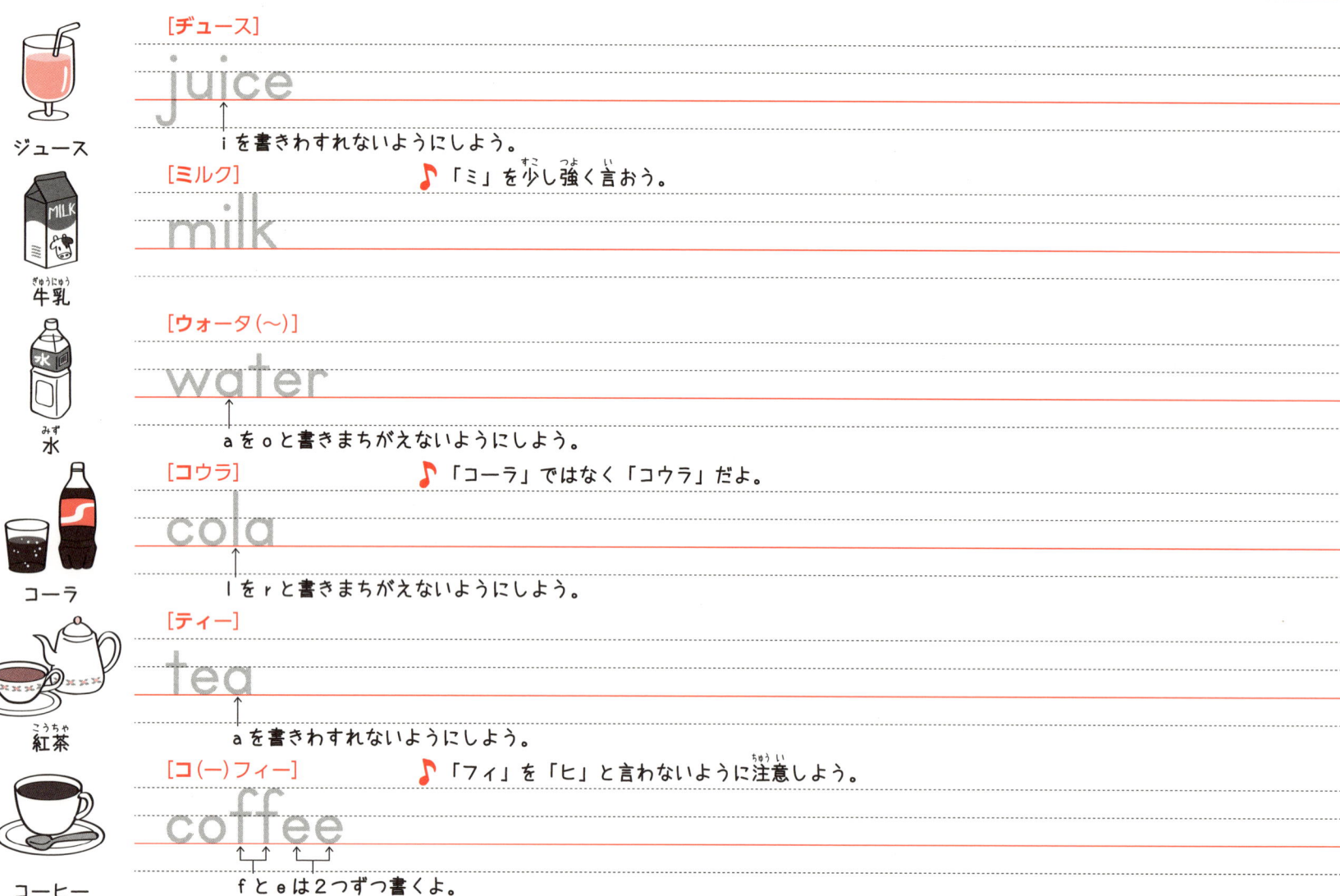

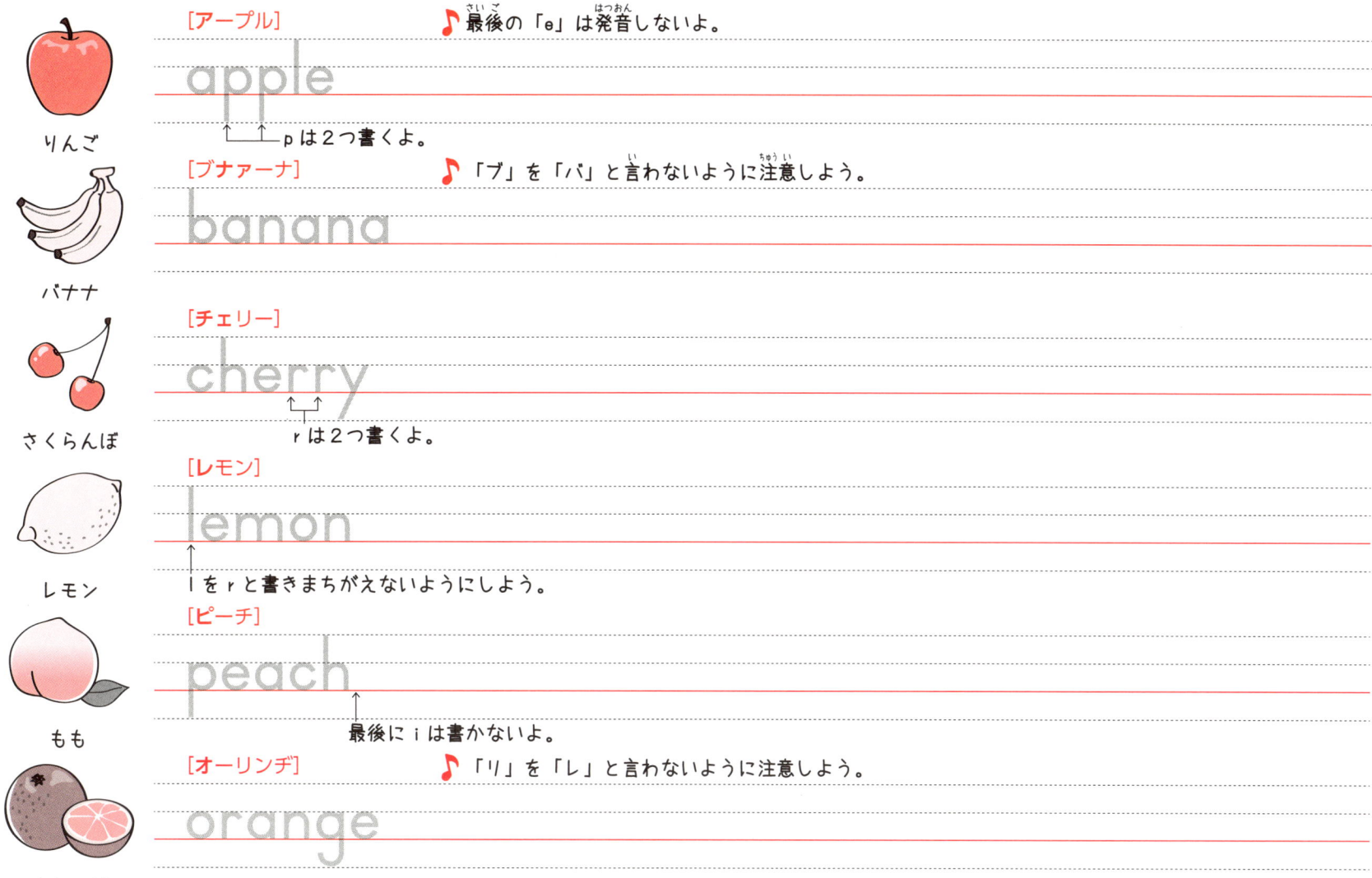

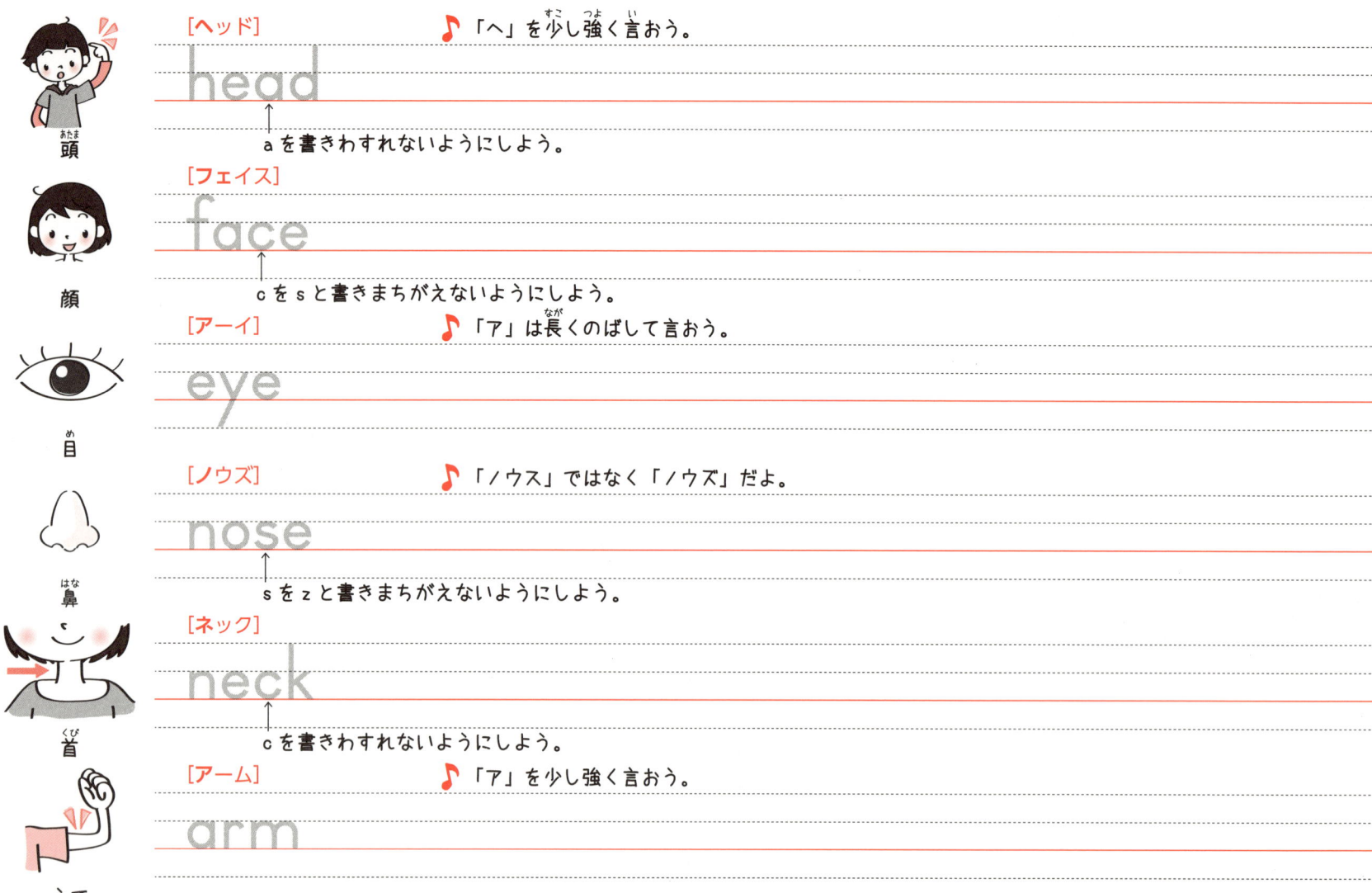

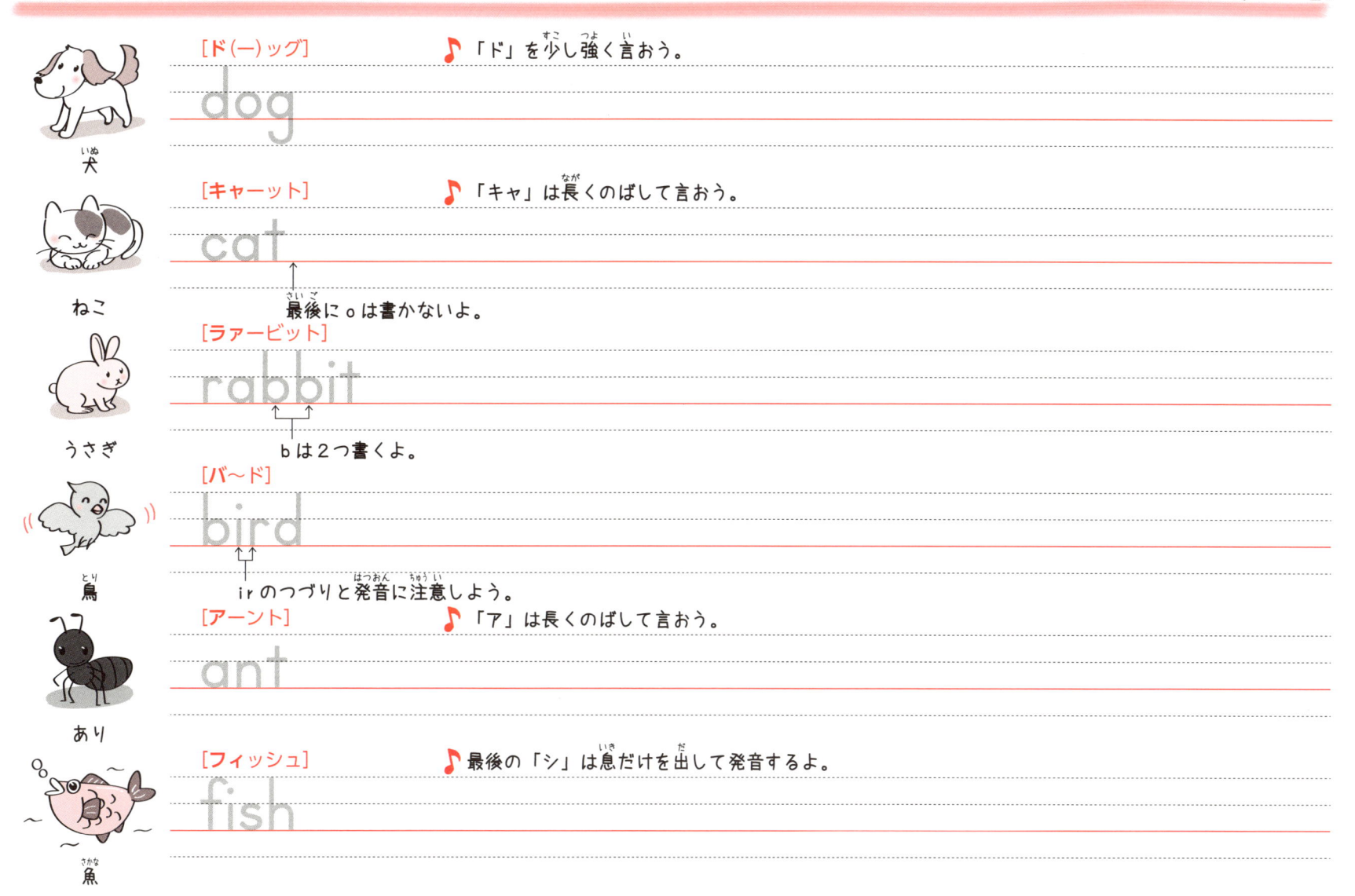

うす字をなぞったあと、右に書きましょう。

単語の練習をしよう 「生き物」

べんきょうした日 〔　月　日〕

いぬ
[ド(ー)ッグ]　♪「ド」を少し強く言おう。
dog

ねこ
[キャーット]　♪「キャ」は長くのばして言おう。
cat
最後にoは書かないよ。

うさぎ
[ラァービット]
rabbit
bは2つ書くよ。

とり
[バ〜ド]
bird
irのつづりと発音に注意しよう。

あり
[アーント]　♪「ア」は長くのばして言おう。
ant

さかな
[フィッシュ]　♪最後の「シ」は息だけを出して発音するよ。
fish

37

うす字をなぞったあと，右に書きましょう。

単語の練習をしよう 「色」

べんきょうした日〔　月　日〕

黄色
[イェロウ]
♪ 「イエロー」ではなく「イェロウ」だよ。
yellow
lは2つ書くよ。

赤
[レッド]
♪ 「レ」を少し強く言おう。
red

青
[ブルー]
blue
lをrと書きまちがえないようにしよう。

白
[ワイト]
♪ 「ホワイト」ではなく「ワイト」だよ。
white

黒
[ブラァーック]
black
cを書きわすれないようにしよう。

もも色
[ピンク]
pink
最後にuは書かないよ。

38

うす字をなぞったあと，右に書きましょう。

単語の練習をしよう 「乗り物」

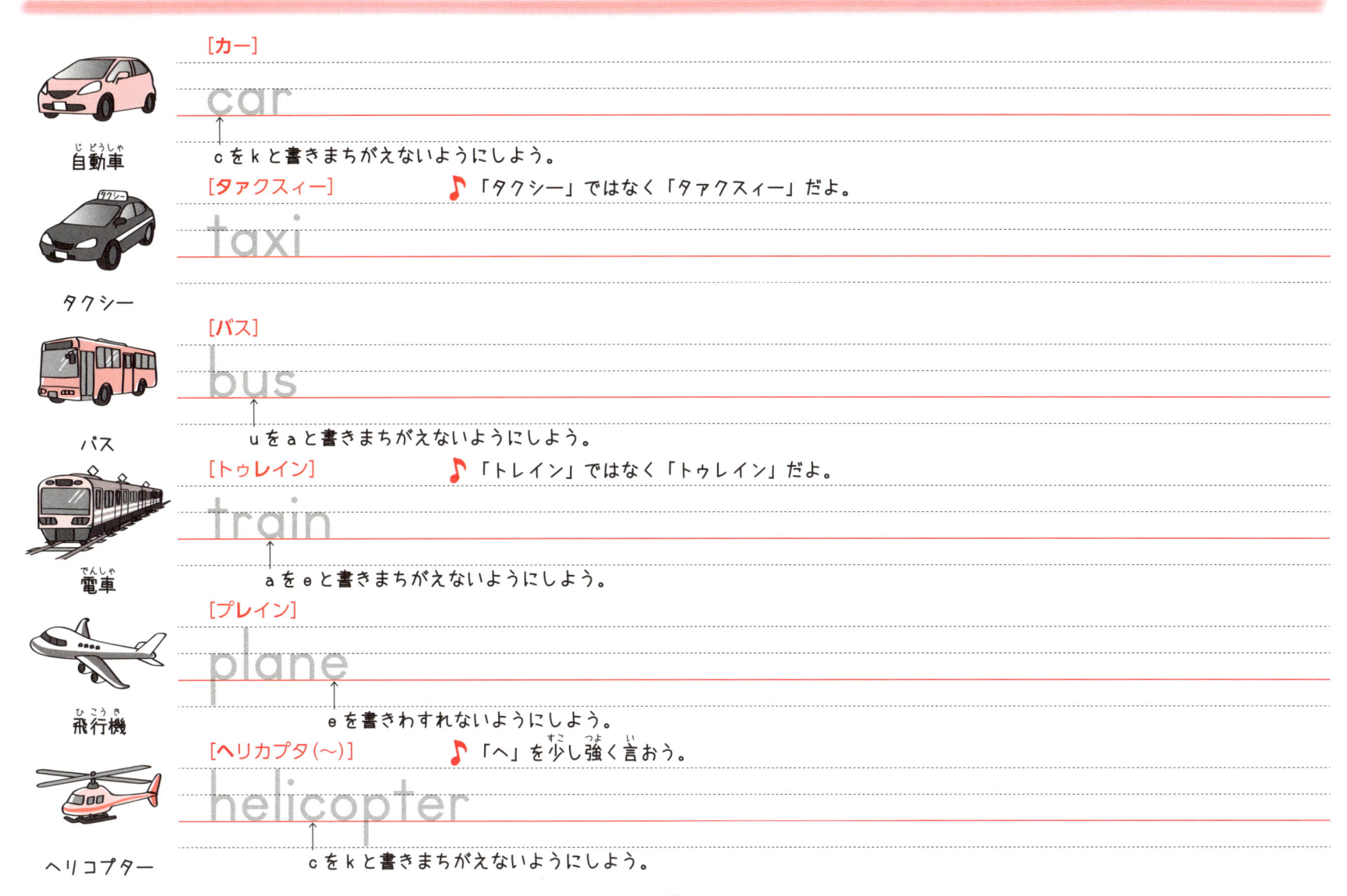

べんきょうした日〔　　月　　日〕

自動車
[カー]
car
cをkと書きまちがえないようにしよう。

タクシー
[タァクスィー]　♪「タクシー」ではなく「タァクスィー」だよ。
taxi

バス
[バス]
bus
uをaと書きまちがえないようにしよう。

電車
[トゥレイン]　♪「トレイン」ではなく「トゥレイン」だよ。
train
aをeと書きまちがえないようにしよう。

飛行機
[プレイン]
plane
eを書きわすれないようにしよう。

ヘリコプター
[ヘリカプタ(〜)]　♪「ヘ」を少し強く言おう。
helicopter
cをkと書きまちがえないようにしよう。

39

うす字をなぞったあと，下に書きましょう。

単語の練習をしよう 「スポーツ」

べんきょうした日〔　月　日〕

[サカ(〜)]

♪「サッカー」ではなく「サカ(〜)」だよ。

soccer

o を a と書きまちがえないようにしよう。

サッカー

[テニス]

tennis

n は2つ書くよ。

テニス

[ベイスボール]

♪「ベースボール」ではなく「ベイスボール」だよ。

baseball

l は2つ書くよ。

野球

[スウィミング]

♪「ウィ」を少し強く言おう。

swimming

m は2つ書くよ。

水泳

[ガルフ]

♪「ゴルフ」ではなく「ガルフ」だよ。

golf

ゴルフ

[スケイティング]

skating

a を e と書きまちがえないようにしよう。

スケート

うす字をなぞったあと，右に書きましょう。

単語の練習をしよう 「音楽・楽器」

べんきょうした日〔　　月　　日〕

音楽
[ミューズィック]
♪「ミュージック」ではなく「ミューズィック」だよ。

music

↑ cをkと書きまちがえないようにしよう。

歌う
[スィング]
♪「スィ」を「シ」と言わないように注意しよう。

sing

ピアノ
[ピアノウ]
♪「ピアノ」ではなく「ピアノウ」だよ。

piano

オルガン
[オーガン]
♪「オルガン」ではなく「オーガン」だよ。

organ

ギター
[ギター]
♪「タ」を少し強く言おう。

guitar

↑ uを書きわすれないようにしよう。

バイオリン
[ヴァイオリン]
♪「リ」を少し強く言おう。

violin

↑ lをrと書きまちがえないようにしよう。

単語の練習をしよう 「身のまわりのもの」　べんきょうした日〔　月　日〕

うす字をなぞったあと，右に書きましょう。

えんぴつ
[ペンスル]　♪「ペンシル」ではなく「ペンスル」だよ。

pencil

cをsと書きまちがえないようにしよう。

ノート
[ノウトブック]

notebook

oは2つ書くよ。

カレンダー
[キャレンダ(〜)]　♪「キャ」を「カ」と言わないように注意しよう。

calendar

lをrと書きまちがえないようにしよう。

ベッド
[ベッド]

bed

bとdの位置が入れかわらないように注意しよう。

いす
[チェア(〜)]

chair

airのつづりと発音に注意しよう。

くつ
[シューズ]

shoes

oをuと書きまちがえないようにしよう。

42

うす字をなぞったあと，下に書きましょう。

単語の練習をしよう 「時間・一日」

べんきょうした日〔　　月　　日〕

[モーニング]

morning

rを書きわすれないようにしよう。

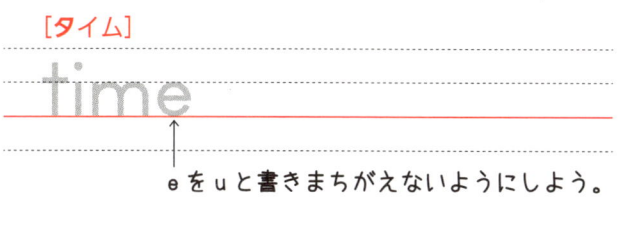

朝・午前

[タイム]

time

eをuと書きまちがえないようにしよう。

時間

[アフタ(～)ヌーン]　♪「ヌ」を少し強く言おう。

afternoon

oは2つ書くよ。

午後

[フォア(～)]　♪「フォー」ではなく「フォア(～)」だよ。

four

uを書きわすれないようにしよう。

4時

[ナイト]

night

gとhを書きわすれないようにしよう。

晩

[ナイン サ～ティー]　♪「ナ」と「サ」を少し強く言おう。

nine thirty

9，30の順に言うよ。

9時30分

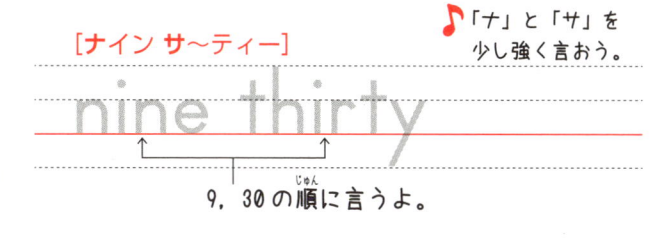

43

うす字をなぞったあと，右に書きましょう。

単語の練習をしよう 「曜日」

べんきょうした日〔　月　　日〕

日　日曜日
月　月曜日
火　火曜日
水　水曜日
木　木曜日
金　金曜日／土　土曜日

[サンディー]
Sunday
↑ 曜日の名前は大文字で書き始めるよ。

[マンディー]
Monday
o を a と書きまちがえないようにしよう。

[テューズディー]　♪「チューズディー」ではなく「テューズディー」だよ。
Tuesday
e を書きわすれないようにしよう。

[ウェンズディー]　♪ 1 つめの d は発音しないよ。
Wednesday
d を書きわすれないようにしよう。

[サ〜ズディー]
Thursday
Th のつづりに注意しよう。

[フライディー]
Friday
「Fraiday」ではないよ。

[サァタ(〜)ディー]
Saturday
u を a と書きまちがえないようにしよう。

44

単語の練習をしよう 「月の名前」①

うす字をなぞったあと，右に書きましょう。

べんきょうした日〔　月　日〕

1月
[ヂァニュエリー]
January
♪「エ」を「ア」と言わないように注意しよう。
月の名前は大文字で書き始めるよ。

2月
[フェビュエリー]
February
rを書きわすれないようにしよう。

3月
[マーチ]
March
最後にiは書かないよ。

4月
[エイプリル]
April
最後にuは書かないよ。

5月
[メイ]
May
aをeと書きまちがえないようにしよう。

6月
[ヂューン]
June
eを書きわすれないようにしよう。

45

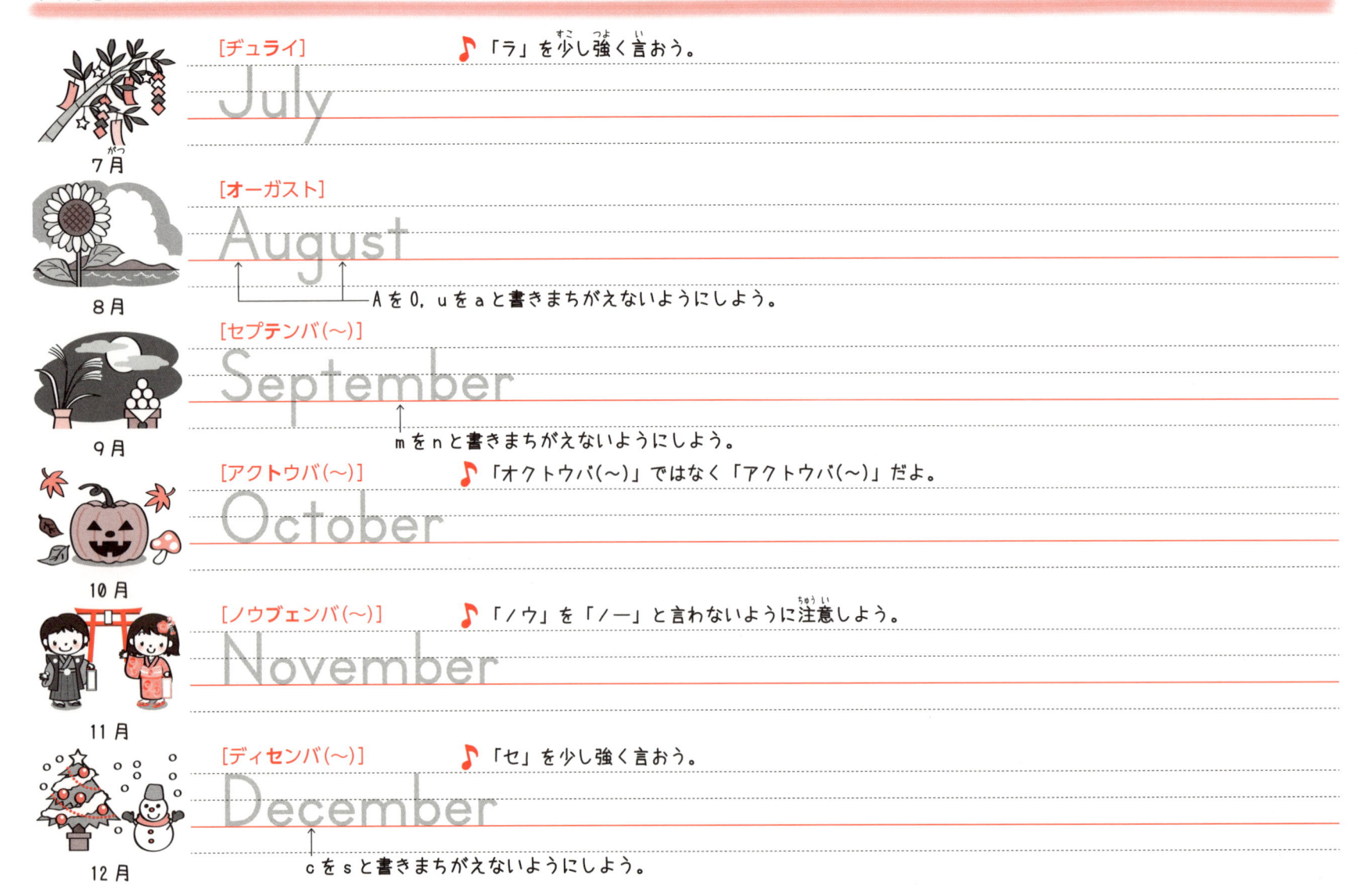

単語の練習をしよう 「月の名前」②

べんきょうした日〔　　月　　日〕

うす字をなぞったあと，右に書きましょう。

[デュライ]
♪ 「ラ」を少し強く言おう。

July

7月

[オーガスト]

August

↑　　↑
— A を O，u を a と書きまちがえないようにしよう。

8月

[セプテンバ(〜)]

September
　　↑
m を n と書きまちがえないようにしよう。

9月

[アクトウバ(〜)]
♪ 「オクトウバ(〜)」ではなく「アクトウバ(〜)」だよ。

October

10月

[ノウヴェンバ(〜)]
♪ 「ノウ」を「ノー」と言わないように注意しよう。

November

11月

[ディセンバ(〜)]
♪ 「セ」を少し強く言おう。

December
↑
c を s と書きまちがえないようにしよう。

12月

うす字をなぞったあと，右に書きましょう。

単語の練習をしよう 「建物・店・施設」

べんきょうした日〔　　月　　日〕

公園
[パーク]
♪「パ」を少し強く言おう。

park

駅
[ステイシュン]
♪「ステイション」ではなく「ステイシュン」だよ。

station

病院
[ハスピトゥル]
♪「ハ」を少し強く言おう。

hospital

o を a と書きまちがえないようにしよう。

交番
[ポリース バックス]

police box

police と box のあいだを1文字あけよう。

レストラン
[レストラント]

restaurant

au を o と書きまちがえないようにしよう。

スーパーマーケット
[スーパ(〜)マーケット]

supermarket

e を a と書きまちがえないようにしよう。

47

うす字をなぞったあと，下に書きましょう。

単語の練習をしよう「職業」

べんきょうした日〔　月　日〕

[ダクタ(〜)]

♪「ドクター」ではなく「ダクタ(〜)」だよ。

doctor

oをaと書きまちがえないようにしよう。

医師

[ファイア(〜) ファイタ(〜)]

♪最初の「ファ」を少し強く言おう。

fire fighter

↑gとhを書きわすれないようにしよう。

消防士

[ナ〜ス]

nurse

uをaと書きまちがえないようにしよう。

看護師

[ファーマ(〜)]

farmer

eをaと書きまちがえないようにしよう。

農家

[スィガ(〜)]

♪「シンガー」ではなく「スィガ(〜)」だよ。

singer

歌手

[ティーチャ(〜)]

teacher

aを書きわすれないようにしよう。

教師

48

うす字をなぞったあと，下に書きましょう。

英語の文の練習をしよう 「私は〜です。」

べんきょうした日〔　　月　　日〕

[アイ] [アム]　　[レナ]　　♪「アイ」と「アム」は「ア」を少し強く言おう。

I am Rena.

人の名前は大文字で書き始めるよ。

私は礼奈です。

[アイ] [アム]　　[ハァピー]　　♪「ハァピー」は「ハッピー」とは言わないよ。

I am happy.

happy＝うれしい，楽しい　　pは2つ書くよ。

私はうれしいです。

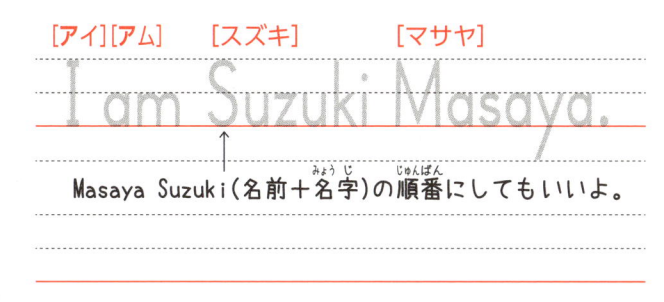

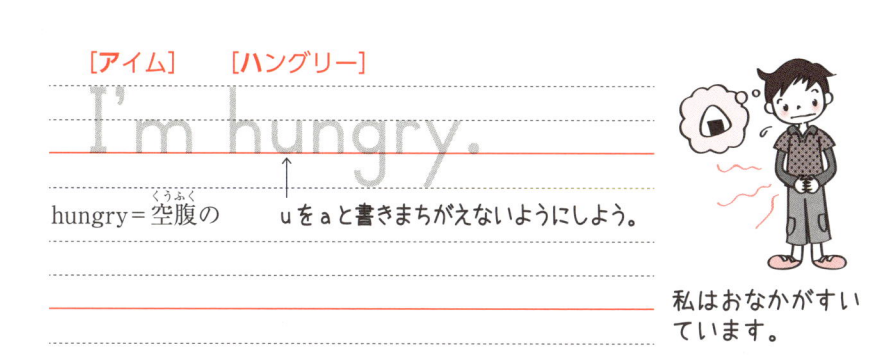

[アイ] [アム]　[スズキ]　　[マサヤ]

I am Suzuki Masaya.

Masaya Suzuki（名前＋名字）の順番にしてもいいよ。

私は鈴木昌也です。

[アイム]　　[ファイン]

I'm fine.

fine＝元気な　　eを書きわすれないようにしよう。

私は元気です。

[アイム]　　[ヂァパニーズ]　　♪「ヂァパニーズ」は「ニ」を少し強く言おう。

I'm Japanese.

I am をちぢめた形だよ。　　Japanese＝日本人の

私は日本人です。

[アイム]　　[ハングリー]

I'm hungry.

hungry＝空腹の　　uをaと書きまちがえないようにしよう。

私はおなかがすいています。

英語の文の練習をしよう 「私は〜が好きです。」

うす字をなぞったあと，下に書きましょう。　べんきょうした日〔　月　日〕

[アイ] [ライク] [ベイスボール]
♪「ライク」の「ラ」は少し強く言おう。

I like baseball.

私は野球が好きです。

[アイ] [ライク] [ウィンタ(〜)]

I like winter.

e を a と書きまちがえないようにしよう。　winter＝冬

私は冬が好きです。

[アイ] [ライク] [テニス]

I like tennis.

私はテニスが好きです。

[アイ] [ライク] [アイス クリーム]

I like ice cream.

c を s と書きまちがえないようにしよう。　ice cream＝アイスクリーム

私はアイスクリームが好きです。

[アイ] [ライク] [レッド]
♪「レッド」の「レ」は少し強く言おう。

I like red.

私は赤が好きです。

[アイ] [ライク] [ミューズィック]

I like music.

私は音楽が好きです。

50

うす字をなぞったあと，下に書きましょう。

英語の文の練習をしよう 「これは～です。」

べんきょうした日〔　月　日〕

[ズィス]　[イズ] [マイ]　　[ブック]
This is my book.

o は2つ書くよ。　my＝私の
book＝本

これは私の本です。

[ズィス]　[イズ] [ユキ]
This is Yuki.

こちらは由記です。

[ズィス]　[イズ] [マイ]　　[バイク]
This is my bike.

e を u と書きまちがえないようにしよう。bike＝自転車

これは私の自転車です。

[ズィス]　[イズ] [マイ]　　[ファーザ(～)]
This is my father.

こちらは私の父です。

[ズィス]　[イズ] [マイ]　　[ハァーット]
This is my hat.

hat＝ぼうし

これは私のぼうしです。

[ズィス]　[イズ] [マイ]　　[フレンド]
This is my friend.

こちらは私の友だちです。

51

うす字をなぞったあと，下に書きましょう。

英語の文の練習をしよう 「私は〜を持っています。」 べんきょうした日 〔　月　日〕

[アイ][ハァーブ]　[ア]　[ペン]

I have a pen.

v を b と書きまちがえないようにしよう。　pen＝ペン

私はペンを持っています。

[アイ][ハァーブ]　[ア]　[キャムラ]

♪「カメラ」ではなく「キャムラ」だよ。

I have a camera.

camera＝カメラ

私はカメラを持っています。

[アイ][ハァーブ]　[ア]　[ボール]

I have a ball.

l は 2 つ書くよ。　ball＝ボール

私はボールを持っています。

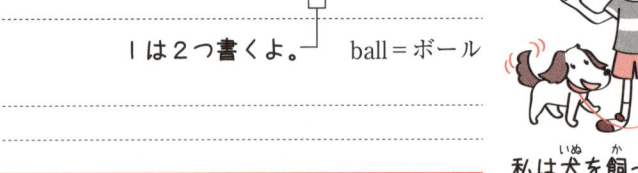

[アイ][ハァーブ]　[ア]　[ド(ー)ッグ]

I have a dog.

have には「飼う」という意味もあるよ。

私は犬を飼っています。

♪「バァーッグ」の「バ」は長くのばして言おう。

[アイ][ハァーブ]　[ア]　[バァーッグ]

I have a bag.

bag＝かばん

私はかばんを持っています。

[アイ][ハァーブ]　[ア]　[ラァービット]

I have a rabbit.

私はうさぎを飼っています。

52

ローマ字表 「ヘボン式」①

あ a	い i	う u	え e	お o	か ka	き ki	く ku	け ke	こ ko
さ sa	し shi (si)	す su	せ se	そ so	た ta	ち chi (ti)	つ tsu (tu)	て te	と to
な na	に ni	ぬ nu	ね ne	の no	は ha	ひ hi	ふ fu (hu)	へ he	ほ ho
ま ma	み mi	む mu	め me	も mo	や ya		ゆ yu		よ yo
ら ra	り ri	る ru	れ re	ろ ro	わ wa		を wo		ん n

( )は小学校で学習する表し方(訓令式)です。

ローマ字表「ヘボン式」②

が ga	ぎ gi	ぐ gu	げ ge	ご go	きゃ kya	きゅ kyu	きょ kyo	しゃ sha (sya)	しゅ shu (syu)	しょ sho (syo)
ざ za	じ ji (zi)	ず zu	ぜ ze	ぞ zo	ちゃ cha (tya)	ちゅ chu (tyu)	ちょ cho (tyo)	にゃ nya	にゅ nyu	にょ nyo
だ da	ぢ ji (zi)	づ zu	で de	ど do	ひゃ hya	ひゅ hyu	ひょ hyo	みゃ mya	みゅ myu	みょ myo
ば ba	び bi	ぶ bu	べ be	ぼ bo	りゃ rya	りゅ ryu	りょ ryo	ぎゃ gya	ぎゅ gyu	ぎょ gyo
ぱ pa	ぴ pi	ぷ pu	ぺ pe	ぽ po	じゃ ja (zya)	じゅ ju (zyu)	じょ jo (zyo)	ぢゃ ja (zya)	ぢゅ ju (zyu)	ぢょ jo (zyo)
					びゃ bya	びゅ byu	びょ byo	ぴゃ pya	ぴゅ pyu	ぴょ pyo

( )は小学校で学習する表し方（訓令式）です。

ローマ字の大文字と小文字の練習をしよう

うす字をなぞったあと，下に書きましょう。　　　べんきょうした日〔　月　日〕

| あ | い | う | え | お | あ | い | う | え | お |

A I U E O a i u e o

| か | き | く | け | こ | か | き | く | け | こ |

KA KI KU KE KO ka ki ku ke ko

かき　　いか　　こい　　きく

KAKI kaki　IKA ika　KOI koi　KIKU kiku

55

ローマ字の大文字と小文字の練習をしよう

うす字をなぞったあと，下に書きましょう。　　　　　　　　　　　　　　　　　　　　べんきょうした日〔　月　日〕

さ　し　す　せ　そ　　　　さ　し　す　せ　そ
SA SHI SU SE SO　　sa shi su se so

※「し」はSIとも書きます。　　　　※「し」はsiとも書きます。

た　ち　つ　て　と　　　　た　ち　つ　て　と
TA CHI TSU TE TO　　ta chi tsu te to

※「ち」はTI,「つ」はTUとも書きます。　　　　※「ち」はti,「つ」はtuとも書きます。

かさ　　　　すし　　　　たこ　　　　月
KASA kasa SUSHI sushi TAKO tako TSUKI tsuki

56

ローマ字の大文字と小文字の練習をしよう

うす字をなぞったあと，下に書きましょう。　　　　べんきょうした日〔　　月　　日〕

な　に　ぬ　ね　の　　　　な　に　ぬ　ね　の
NA NI NU NE NO　　na ni nu ne no

は　ひ　ふ　へ　ほ　　　　は　ひ　ふ　へ　ほ
HA HI FU HE HO　　ha hi fu he ho

※「ふ」は HU とも書きます。　　　　※「ふ」は hu とも書きます。

かに　　　花　　　船　　　星
KANI kani HANA hana FUNE fune HOSHI hoshi

57

ローマ字の大文字と小文字の練習をしよう

うす字をなぞったあと，下に書きましょう。

べんきょうした日〔　月　日〕

ま　み　む　め　も　　ま　み　む　め　も
MA MI MU ME MO　ma mi mu me mo

や　　ゆ　　よ　　や　　ゆ　　よ
YA　YU　YO　ya　yu　yo

やま　　　　うみ　　　いも　　　ゆめ
山　　　　海　　　　いも　　　ゆめ
YAMA yama UMI umi IMO imo YUME yume

うす字をなぞったあと，下に書きましょう。

ローマ字の大文字と小文字の練習をしよう

べんきょうした日〔　月　　日〕

ら　り　る　れ　ろ　　　　　ら　り　る　れ　ろ
RA RI RU RE RO　　ra ri ru re ro

わ　　　を　　　ん　　　　わ　　　を　　　ん
WA　WO　N　　wa　wo　n

とら　　　　　　　もり森　　　　　　　わに　　　　　　　かん
TORA tora MORI mori WANI wani KAN kan

59

ローマ字の大文字と小文字の練習をしよう

うす字をなぞったあと，下に書きましょう。　　　　　　　　　　　　　　　べんきょうした日〔　月　日〕

が	ぎ	ぐ	げ	ご	が	ぎ	ぐ	げ	ご
GA	GI	GU	GE	GO	ga	gi	gu	ge	go

ざ	じ	ず	ぜ	ぞ	ざ	じ	ず	ぜ	ぞ
ZA	JI	ZU	ZE	ZO	za	ji	zu	ze	zo

※「じ」は ZI とも書きます。　　　　　　　　　　※「じ」は zi とも書きます。

かぎ　　　　　　げた　　　　　　にじ　　　　　　すず

KAGI kagi　GETA geta　NIJI niji　SUZU suzu

ローマ字の大文字と小文字の練習をしよう

うす字をなぞったあと，下に書きましょう。　　べんきょうした日〔　月　日〕

だ	ぢ	づ	で	ど	だ	ぢ	づ	で	ど
DA	JI	ZU	DE	DO	da	ji	zu	de	do

※「ぢ」はZIとも書きます。　　　　　　　　※「ぢ」はziとも書きます。

ば	び	ぶ	べ	ぼ	ば	び	ぶ	べ	ぼ
BA	BI	BU	BE	BO	ba	bi	bu	be	bo

うで　UDE ude　まど　MADO mado　えび　EBI ebi　なべ　NABE nabe

ローマ字の大文字と小文字の練習をしよう

うす字をなぞったあと，下に書きましょう。

べんきょうした日〔　月　日〕

ぱ　ぴ　ぷ　ぺ　ぽ
PA　PI　PU　PE　PO

ぱ　ぴ　ぷ　ぺ　ぽ
pa　pi　pu　pe　po

パン
PAN　pan

プリン
PURIN　purin

おさらい

花火
HANABI hanabi

どんぐり
DONGURI donguri

エプロン
EPURON epuron

うす字をなぞったあと，下に書きましょう。

ローマ字の
大文字と小文字の練習をしよう

べんきょうした日〔　　月　　日〕

きゃ　　きゅ　　きょ　　　　　きゃ　　きゅ　　きょ

KYA　KYU　KYO　　　kya　kyu　kyo

しゃ　　しゅ　　しょ　　　　　しゃ　　しゅ　　しょ

SHA　SHU　SHO　　　sha　shu　sho

※「しゃ」はSYA，「しゅ」はSYU，「しょ」はSYOとも書きます。　　※「しゃ」はsya，「しゅ」はsyu，「しょ」はsyoとも書きます。

キャベツ　　　　　　　　汽車　　　　　　　　　歌手

KYABETSU kyabetsu KISHA kisha KASHU kashu

ローマ字の大文字と小文字の練習をしよう

うす字をなぞったあと，下に書きましょう。　　　　　　　　　　　　　　　　べんきょうした日〔　月　日〕

ちゃ　ちゅ　ちょ　　　　　　　　　　　　ちゃ　ちゅ　ちょ
CHA　CHU　CHO　　　　　　　　　　　　cha　chu　cho

※「ちゃ」はTYA,「ちゅ」はTYU,「ちょ」はTYOとも書きます。　　※「ちゃ」はtya,「ちゅ」はtyu,「ちょ」はtyoとも書きます。

にゃ　にゅ　にょ　　　　　　　　　　　　にゃ　にゅ　にょ
NYA　NYU　NYO　　　　　　　　　　　　nya　nyu　nyo

ちゃわん　　　　　　　　　　　　　　　こんにゃく
CHAWAN chawan　　　　　　　　　　　　KONNYAKU konnyaku

ローマ字の大文字と小文字の練習をしよう

ひゃ　ひゅ　ひょ　　　　ひゃ　ひゅ　ひょ
HYA　HYU　HYO　　　　hya　hyu　hyo

みゃ　みゅ　みょ　　　　みゃ　みゅ　みょ
MYA　MYU　MYO　　　　mya　myu　myo

百円
HYAKUEN　hyakuen

ひょろひょろ
HYOROHYORO　hyorohyoro

うす字をなぞったあと，下に書きましょう。

ローマ字の大文字と小文字の練習をしよう

べんきょうした日〔　　月　　日〕

りゃ　　　りゅ　　　りょ　　　　りゃ　　　りゅ　　　りょ
RYA　RYU　RYO　　rya　ryu　ryo

ぎゃ　　　ぎゅ　　　ぎょ　　　　ぎゃ　　　ぎゅ　　　ぎょ
GYA　GYU　GYO　　gya　gyu　gyo

りょかん　　　　　　きんぎょ　　　　　　にんぎょ
旅館　　　　　　　　金魚　　　　　　　　人魚

RYOKAN ryokan KINGYO kingyo NINGYO ningyo

66

ローマ字の大文字と小文字の練習をしよう

うす字をなぞったあと，下に書きましょう。

べんきょうした日〔　　月　　日〕

じゃ	じゅ	じょ	じゃ	じゅ	じょ
JA	JU	JO	ja	ju	jo

※「じゃ」はZYA，「じゅ」はZYU，「じょ」はZYOとも書きます。　　※「じゃ」はzya，「じゅ」はzyu，「じょ」はzyoとも書きます。

ぢゃ	ぢゅ	ぢょ	ぢゃ	ぢゅ	ぢょ
JA	JU	JO	ja	ju	jo

※「ぢゃ」はZYA，「ぢゅ」はZYU，「ぢょ」はZYOとも書きます。　　※「ぢゃ」はzya，「ぢゅ」はzyu，「ぢょ」はzyoとも書きます。

にんじゃ　　　　　　　受話器　　　　　　　　　　　　まじょ

NINJA ninja　JUWAKI juwaki　MAJO majo

ローマ字の大文字と小文字の練習をしよう

うす字をなぞったあと，下に書きましょう。　　　べんきょうした日〔　月　日〕

びゃ	びゅ	びょ	びゃ	びゅ	びょ
BYA	BYU	BYO	bya	byu	byo

ぴゃ	ぴゅ	ぴょ	ぴゃ	ぴゅ	ぴょ
PYA	PYU	PYO	pya	pyu	pyo

おさらい

写真（しゃしん）
SHASHIN　shashin

じゃんけん
JANKEN　janken

ローマ字の大文字と小文字の練習をしよう

べんきょうした日〔　月　日〕

うす字をなぞったあと，右に書きましょう。

> ローマ字でのばす音を表すときは，のばす音の a, i, u, e, o の上に「¯」を書くよ。

のばす印には「^」もあるよ。

ちきゅう

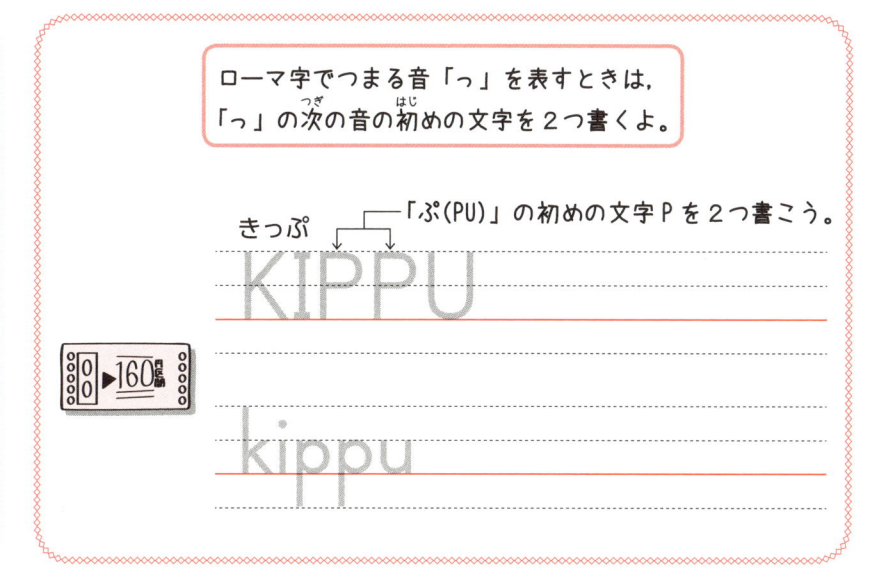

CHIKYŪ

chikyū

> ローマ字でつまる音「っ」を表すときは，「っ」の次の音の初めの文字を2つ書くよ。

「ぷ(PU)」の初めの文字Pを2つ書こう。

きっぷ

KIPPU

kippu

うす字をなぞったあと，下に書きましょう。

ぶどう　　　　　　　　　しっぽ　　　　　　　　　なっとう

BUDŌ budō　　SHIPPO shippo　　NATTŌ nattō

うす字をなぞったあと，右に書きましょう。

ローマ字の大文字と小文字の練習をしよう

べんきょうした日〔　　月　　日〕

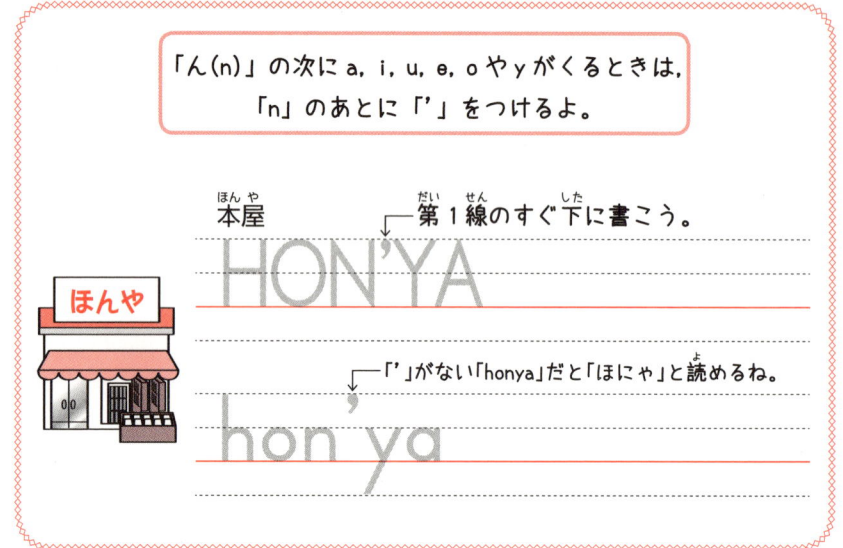

「ん(n)」の次に p，b，m がくるときは，「n」のかわりに「m」を使うこともあるよ。

てんぷら　→　「ん」の次は「ぷ(PU)」だから，「N」ではなく「M」だよ。

TEMPURA

tempura

「ん(n)」の次に a，i，u，e，o や y がくるときは，「n」のあとに「'」をつけるよ。

本屋　→　第1線のすぐ下に書こう。

HON'YA

→　「'」がない「honya」だと「ほにゃ」と読めるね。

hon'ya

うす字をなぞったあと，下に書きましょう。

さんぽ　　　さくらんぼ　　　全員

SAMPO sampo　SAKURAMBO sakurambo　ZEN'IN zen'in

ローマ字の大文字と小文字の練習をしよう

うす字をなぞったあと，下に書きましょう。

べんきょうした日〔　　月　　日〕

おさらい

はち
HACHI hachi

学校
GAKKŌ gakkō

自転車
JITENSHA jitensha

えんぴつ
EMPITSU empitsu

きょうりゅう
KYŌRYŪ kyōryū

金色
KIN'IRO kin'iro

ローマ字の大文字と小文字の練習をしよう

うす字をなぞったあと，下に書きましょう。

べんきょうした日〔　　月　　日〕

> ローマ字で人の名前や地名を表すときは，初めの文字を大文字にするよ。

「Shūta Mizuhara」と，「名前」「名字」の順番にしてもいいよ。

水原秀太

Mizuhara Shūta

「東京都」のときは「Tōkyō-to」と書くよ。

東京

Tōkyō

うす字をなぞったあと，右に書きましょう。

田島 唯

Tajima Yui

神戸市

Kōbe-shi

自分の名前をローマ字で書きましょう。

← 似顔絵もかいてみましょう。